Gwrando

O fyw'r dan llwynog
yn fflam gringoch
i ddychryn y lleuad,
dros y wal gerrig a
twnnu'r medyn
sy'n ymwthio'n gyrliog
trwy briddd 'Rar Ucha'.

Egyr y dylluan ei hamrannau meddal,
ymollwng i'r aer
a phwnio'i ffordd
trwy ganghennau'r Winllan.

A'r nyddwr prin
yn clwydo ar hyd brigyn
yng nghysgodion y coed,
a chlep ei adenydd
yn dirgrynu'r dail.

Ble mae'r cudyll heno,
yr hebog,
y gylfinir, a thinwen y garn?

Ydi'r ehedydd a
chwac yr eithin yn glyd?

Mae'r hwyaid ynghwsg
ar ddyfroedd mawnog
Llynnau Cywarch,
heno heb ofn na gwn na chŵn.

Ac ar glogwyni chwil y Gwaith,
a'r lleufer yn llwybr am
Ynysoedd Tudwal,
fe glwyda'r brain pigwch
yn bâr.

Mae'r gwlith yn dechrau ffurfio
ar y gwawn mwng pigau'r eithin,
a'r niber yn dorchau oer
mewn gwâl dan graig,
ei llygaid yn gerrig llonydd.

Mor anymwybodol o'r dyn
ar gwr y pentra,
yn sefyll bob nos yn ei ddrws.
Yn ailymweld yn fanwsol,
ei feddyliau ar gerdded tua'r gorwel,
yn esgyn y llethrau
gyn rhwydded â hogyn deuddeg oed;
yn gogri drwy'r grug
a dolennu hyd y llwybrau defaid;
yn ailfeddiannu'r enwau grugog
a'r Mynydd o'i flaen
yn greadur byw.

Calan Mai

Y dydd yn dadfeilio
dan enw o lewad.

Cân yr adar, oedd bore 'ma
yn nodau crynion
rŵan yn atsain
o goeden i goeden
wrth i'r aer oeri.

Yr arad oedd yn hafan werdd
yn suddo'n ôl
i ddirgelwch y pridd.

Canhwyllau blodau'r gastanwydden
yn diffodd
yng ngolau olaf y gwyll.

Pob sŵn yn siarp
wrth i'r arad ymollwng i'r nos.

Cyfarthiad ci,
awen yn stwyrian yn yr eiddew,
Y gaseg yn pori
am y gwrych â ni.

Crafiad adenydd chwilen goch
newydd ddeor
o'r pwpa yn y pridd.

Mae'n anodd gadael.

Arhosaf am eiliad,
am un trefiad arall
un sŵn,
un si...
un byd yn gorffwys
un arall yn deffro.

A'r petryal melyn
yn nhalcen y tŷ
yn groeso yn y gwyll.

Ambell Dro

Ambell dro
dim ond un Me
sydd i fynd

Un Me...
y gogledd magnetig
na all fy nghwmpawd
ei wrthsefyll.

Y magned mewnol
sy'n fy nhynnu'n
ddidangaredd
tua'r môr

Yn ffroeni fy ffordd
tua'r ffynhonnell
i'r Me

Me cychwynnodd popeth.
Mae'n gwybod fy mod yn dod
ymhell cyn i mi ei gyrraedd

yn gysondeb glas
yn frawd, yn chwaer,
yn dad a mam
yn graig, yn gysur,

yn ymdreiddio i waelod fy mod;
yn agor drysau,
yn sgwrio'r enaid
a darganfod popeth cuddiedig.

Does dim i'w wneud
ond
teimlo'r awel hallt
yn anwesu'r croen,

a thon ar ôl ton
yn llepian ar y traeth
a thorri ar y lan
yn un corddiad o gerrig mân
a chynnwrf o dywod.

Does dim i'w wneud
ond
edrych ar y dŵr
yn cario'r atgofion
a'u gosod yn galeidosgôp
wrth fy nhraed.

Does dim i'w wneud
ond
gwrando ar chwalp y tonnau'n
divgynu'r galon
a'r cregyn yn glychau dan draed.

Does dim i'w wneud
ond
teimlo tynfa'r trai

suddo'n ôl i'w sŵn a'i su

a dweud —

dyma fi.

Taswn i ddim

Taswn i ddim wedi deffro
faswn i ddim wedi eu gweld

y presenoldebau gwelw'n y gwyll

Mond cae
o ffurfiau
lluydwyn
mor fud
mor dawel
am bedwar y bore

Dim ond eu cyrff
i'w gweld
a'u traed o'r golwg
yn y tarth
yn nofio'r niwl

Taswn i ddim wedi deffro
faswn i ddim wedi eu gweld

gwylan ar ôl gwylan ar ôl gwylan
welw wen
lliw hell
yn cyrraedd
ac aros
ac ymadael
mewn tawelwch llwyr
yn y llwyd olau

Yr ymgynnull
yn ymateb i ryw anian

Beth mae'n nhw'n ei wybod
nad ydw i ddim?

Dim smic, dim smic, dim smic.

Dyfrgwn

Heno,
yng ngwaelod yr ardd
a hithau'n dywyll,
a dim i'w glywed
ond gofer y dŵr dros y gro

ymlwybrais yn ddiarwybod
i'w dimensiwn hwy;
ne gwahanwyd y llen
am eiliad;
ne meddalodd fy modolaeth;
ne roeddwn yn wai dynol.

Yno ar lan y dŵr
safwn yn syfrdan
yn dyst disylwedd
ar ddrothwy
yn anniodefol o agos
i fyd
ne'r oeddwn
yn gorwgn dim,
ne'r oeddwn
ddim yn bod.

Dim ond golau'r lamp
yn llwybr Mathrafal
na allwn ei osgoi,
a'r olygfa brin o'm blaen
yn fy syfrdanu.

Ar eu boliau'n y basddwr
a'r sliwen yn gofleidio lwyw,
ei hunan
yn goreuwr dannedd main
a'r bawen wêog.

Chwe phâr o lygaid
yn pefrio
fel yr afon
yn fuells ar hirflew'r cefn.

A chudsymud purpasol
y tri-awd
yn cyd-ddolennu'n rhwyd
o'm blaen.

Heddiw'r bore
ar lan y dŵr
mae eu habsenoldeb
yn llenwi'r lle.

Llysywen

Mor dawel
yn'r dyfrgwn
pan ddônt
yn ffroenau i gyd,
a phan gaea
eu dannedd perffaith
yn grep

dwg dim i'w glywed
ond dŵr oer
y nant
yn elifo dros y gro
drwy'r cae
i Afon Soch
a'r bae

Ac yn y bore bach
mae ôl y pumbys
gwêog
a gemau gloyw
sluwen
yn llonydd yn y llaid

a does dim i'w glywed
ond dŵr oer
y nant
yn llifo dros y gro
drwy'r cae
i Afon Soch
a'r bae.

Niwl

Ar gerdded
o'r gorwel,
yn llithro'n ddiatal
tua'r tir
a gwylan wen lliwheli
yn gydymaith gwelw
– llatai mung dan fyd.

Yn ffurfio yn goed,
yn ganghennau,
yn graig.

Yn symud
heb symud un ddeilen
a thawelu pob llinos a dryw.

Yn pluo heibio
mor dawel â thylluan

Yn llepian hyd godrau'r Garn
a goferu dros ysgwydd,
gan esgyn y llethrau
rwydded â buwcath.

Cylchwri ar y copa.

Daw gosteg ar y Garn

wrth glosio at bob tŷ,
llenwi llwybrau pob clust
ac ymlwybro i bob ysgyfaint
mae'r wlad yn mudgysgu

dan y mudandod mwyn.

Lôn Wembley

Ar ôl diwrnod
a noson
o wynt didrugaredd
gorewodd y dydd yn betrus.
Daw'r wawr o lechi lwyn,
yn gyndyn o godi ei golygon,
fel petai ganddi gywilydd
datgelu i'r byd
yr hyn a ddigwyddodd neithiwr.

Yn llwybra ar flaenau ei thraed,
gan godi godrau ei sgerti
wrth gamu dros y deiliach
a'r mân frigau ar hyd y lôn.

Cil edrycha ar y tystion mud
sy'n dal ar eu traed
ar ôl myfyrdrwy'r nos.

Dim chwa wân,
dim nodyn adenyn,
a heli Porth Neigwl
yn dal i hongian
yn yr aer.

Yn y golau gwantan
gwêl un, dwy, tair
derwen braff
ar eu hochrau
ar yr allt –
eu gwreiddiau'n sgrech.

Eleni, y bwtsias fydd
yn wawr las trwy eu brigau.

Ysgyfarnog

Daeth yr eira'n
ddisymwth
a disgynnodd
fesul plu-en
nymiad wen
dros y dyffryn.

A ninnau'n dau
a'r ci
yn dringo'r allt
rhwng dau glawdd.

Pob postyn a phostyn,
pob gwifren a giât,
pob llwyn,
yn farciau siarp
pen ac inc
ar ddalen lân.

Côt y ci
yn gwynnu'r eira,
welais i erioed
mohono yn edrych
mor ddu.

Y tawelwch yn
amhrnol
a'r eira'n aros.

Daeth yr ysgyfarnog
yn ddisymwth
drwy fwlch y ffens.
Ymddangosodd ar ein canfas
yn dalp o yni,
yn ddarn o fywyd gwinau
o gig a gwaed.

Safodd yn stond. Pa ffordd?

Gyda naid a naid
caeodd ei safn
am y corff cynnes.

Gollwng hi! Rhy hwyr.
Asen fain yn trywanu.
ysgyfaint — sŵn boddi
curiad calon yn gwanhau
a dau lyn ei llygaid
yn mewn'n raddol dwstynt.

Mwclis o waed yn fferru
ar ei ffroenau
a ninnau
yn oeri yn yr eira.

Golau

Dydi'r lleuad ddim yn tywynnu
Ddim yn weithredol wenu
fel haul canol dydd
yn taenu ei wres,
yn cyrraedd pob congl,
yn dweud dyma fi!

Yn blodeuo'n boeth
ar fore o haf
yn ddyrnod cynddeiriog
ar anterth y dydd,
a'i brynhawnol ymadawiad
yn sbloets o liw.

Oni bai am yr haul
fasen ni ddim yn gweld
y lleuad.

Y Mewad
yn ei Menfer
a'i llewyrch yn stau
ail-law
hyd braich,
yn gyd-ddigwyddiad gofodol

yn nofio'r nos
yn hongian gyda'r hwyr

ac yn llonydd,

llonydd,

llonydd.

JOHN RUSKIN

1 *Chronique scandaleuse* Chronicle. [Title given the edition of 1611]

2 You hear of me, respectable archit... and you send for n... the leading fashion... Olive, 'Traffic', §3]

3 I have seen, and he... impudence before... pected to hear a co... dred guineas for fli... in the public's fa... *Nocturne in Black a... gers*, Letter 79]

4 A falseness in all... external things, whi... characterize as th... [*Modern Painters* V...

5 Mountains are the b... of all natural sce... beginning]

6 Be sure that you g... at his means, [*Sesame and Lilies*,

7 Which of us ... is... dirty work for the re... Who is to do the ple... and for what pay?... [

8 When we build, let... for ever. [*The Seve... ture*, Ch. 5, §10]

9 Remember that... things in the world... peacocks and lili... *Stones of Venice*, I,

10 The purest and m... are those which lov... I. 5. §30]

11 Fine art is that in... head, and the heart... [*The Two Paths*, Le...

12 Not only is there l... things rightly, but... of *seeing* them, a... whole of them. [*Ib.*

13 There is no wealth... *Last*, IV, §77]

Handwritten note:

tua 3
ary 29/4/20.
llenwan ddiweddol
yn gweddu i naws y dydd,
y bywyd, y tymor, dydd,
ffesant yn agos drym cananus
jin fin
btw tonos
nyth unen by when
chiff chaff